¿QUIÉN SE HA LLEVADO MI QUESO?
PARA JÓVENES

Sobre el autor

Spencer Johnson es uno de los autores más respetados y queridos en todo el mundo. Con sus penetrantes relatos, que hablan directamente al corazón y al alma de la gente, ha entretenido e inspirado a millones de personas. A menudo se le menciona como el mejor a la hora de tomar temas complejos y presentar soluciones sencillas que funcionan.

El doctor Johnson es el autor de numerosos éxitos publicados por *The New York Times*, incluyendo los *bestsellers* *¿Quién se ha llevado mi queso?*, *Cómo adaptarnos a un mundo en constante cambio* y *El ejecutivo al minuto*®, el método más popular del mundo para la gestión, escrito con Kenneth Blanchard.

Su formación académica incluye una licenciatura en Psicología por la Universidad de California del Sur y un doctorado en Medicina por el Royal College of Surgeons, además de haber formado parte de los equipos médicos de la Harvard Medical School y de la Clínica Mayo.

El doctor Johnson ha trabajado como director médico de Comunicaciones de Medtronic, compañía inventora del marcapasos; como médico investigador en el *think tank* del Institute for Inter-Disciplinary Studies; como consultor para el Center for the Study of the Person, y para la Escuela de Medicina de la Universidad de California, y, además, como profesor de Liderazgo invitado en la Harvard Business School.

Sus libros han aparecido a menudo en los medios de comunicación, incluyendo la CNN, *The Today Show*, *Larry King Live*, *Business Week*, *The New York Times*, *Wall Street Journal*, *Fortune*, *USA Today*, *Associated Press* y *United Press International*.

Los libros de Spencer Johnson están disponibles en veintiséis idiomas en todo el mundo.

NOTA DEL AUTOR

Muchas personas de todo el mundo que han leído la versión inicial de *¿Quién se ha llevado mi queso?* explican que les hubiera gustado conocer la «Historia del queso» cuando eran más jóvenes, pues se dan cuenta de que, de haber sido así, muchas cosas les habrían resultado más fáciles.

Como adolescente, lo más probable es que te encuentres con muchos más cambios en tu vida de los que experimentaran tus padres o tus abuelos. ¿No te parecería fenomenal saber, ya desde esta etapa temprana de tu vida, cómo adaptarte al cambio… ¡y salir ganando!?

En el relato que sigue descubrirás cómo percibir los cambios que se avecinan antes que la mayor parte de quienes te rodean, cómo no tomarte a ti mismo demasiado en serio y cómo adaptarte con rapidez —cómo ¡moverte con el queso!—, de modo que logres que cualquier cambio se convierta en una ventaja para ti.

Sea cual sea la situación de cambio en que te encuentres, deseo que puedas utilizar lo que aprendas en este relato para encontrar tu propio «Queso Nuevo» —aquello que realmente te importa— ¡y que lo disfrutes!

SPENCER JOHNSON, DOCTOR EN MEDICINA

El fenómeno
«¿Quién se ha llevado mi queso?»

El relato de «¿Quién se ha llevado mi queso?» fue creado por el doctor Spencer Johnson para que le ayudara a hacer frente a una difícil situación de cambio en su vida. Le mostró el modo de tomarse el cambio con seriedad, pero sin tomarse a sí mismo demasiado en serio.

Cuando sus amistades se dieron cuenta de hasta qué punto su vida había mejorado y le preguntaron el secreto, él les contó su «Historia del queso». Algunas de aquellas personas relataron, incluso años más tarde, cómo aquel cuento les había ayudado a conservar el sentido del humor, a cambiar y a mejorar. Ken Blanchard, que escribió con él *El ejecutivo al minuto*, lo animó para que diera al relato forma de libro para así ayudar a muchas más personas.

El libro *¿Quién se ha llevado mi queso?* aparecía finalmente dos décadas después de que la historia fuera creada. El boca a boca lo convirtió rápidamente en un número uno internacional en ventas, con un millón de ejemplares en tapa dura vendidos en los primeros dieciséis meses, y más de diez millones vendidos en los dos años siguientes.

Numerosas personas afirman que lo que descubrieron en ese relato mejoró sus carreras, sus negocios, su salud y sus matrimonios. La «Historia del queso» se ha introducido en hogares, empresas, escuelas, iglesias, instituciones militares y equipos deportivos. Se ha ido extendiendo por todo el mundo en numerosos idiomas. Su atractivo es universal.

Sus críticos, por otra parte, no comprenden la razón por la que tantas personas consideran la historia tan valiosa. Aseguran que es tan simple que hasta un niño la entendería, que es un insulto a su inteligencia porque no es más que simple sentido común. Evidentemente, no sacan nada en claro del relato. Algunos incluso llegan a temer que sugiere que cualquier cambio es bueno, por lo que la gente debería conformarse, sin reflexionar, con los cambios impuestos por otros, aunque eso no se diga en la historia.

El autor ha comentado que tanto entusiastas como detractores tienen «razón» a su modo. El valor de la historia de *¿Quién se ha llevado mi queso?* no está en lo que cuenta, sino en el modo en que cada cual lo interpreta y lo aplica a su propia situación.

Espero que el modo en que tú interpretes *¿Quién se ha llevado mi queso?* en esta edición especial para adolescentes y cómo lo pongas en práctica en tu vida te ayude a encontrar ese «Queso Nuevo» que mereces.

He aquí lo que algunos líderes dicen sobre la edición original de *¿Quién se ha llevado mi queso?*

«De vez en cuando aparece un libro que abre una puerta al futuro. Ése es el efecto que me ha causado este libro.»
–David A. Heenan, miembro del consejo de administración
PETER F. DRUCKER MANAGEMENT CENTER

«En cuanto terminé de leerlo, pedí más ejemplares como instrumentos de ayuda para los cambios incesantes a los que nos enfrentamos, cada vez que modificamos un equipo para abrir nuevos mercados.»
–Joan Banks, especialista en rendimiento y eficacia
WHIRLPOOL CORPORATION

«Me puedo ver a mí mismo leyendo esta magnífica historia a mis hijos y mis nietos, en el salón familiar y ante un buen fuego, viendo cómo todos comprenden su mensaje.»
–Tte. coronel Wayne Washer
AERONAUTICAL SCIENCE CENTER, BASE DE LAS FUERZAS AÉREAS DE PATTERSON

«La metáfora del "queso" proporciona un lenguaje y unas imágenes estimulantes, que nos sugieren un modo lógico y memorable de actuar ante el cambio.»
– Albert J. Simone, presidente
ROCHESTER INSTITUTE OF TECHNOLOGY

«Las percepciones y la narrativa únicas de Spencer Johnson convierten este libro en un raro ejemplar, que puede ser leído con rapidez y comprendido por cualquiera que quiera salir airoso en estos tiempos de grandes cambios.»
–Randy Harris, ex vicepresidente
MERRILL LYNCH INTERNATIONAL

«Este libro nos conduce por un recorrido sencillo y comprensible, que nos ayuda a adaptar nuestras circunstancias individuales en relación al cambio».
–Michael Morley, vicepresidente senior
EASTMAN KODAK

Spencer Johnson

¿Quién se ha llevado mi queso?

para jóvenes

¡Una forma sorprendente de Cambiar y Ganar!

U R A N O

Argentina - Chile - Colombia - España
Estados Unidos - México - Uruguay - Venezuela

Dedicado a nuestros hijos
Emerson, Christian y Austin

Título original: *Who Moved My Cheese? for Teens*
Edición original: G. P. Putnam's Sons, Penguin Putnam Books for Young
    Readers, Nueva York
Traducción: David Sempau

First published in th United States under the title WHO MOVED MY CHEE-
SE? FOR TEENS by Spencer Johnson, M.D. Published by arrangement with
G.P. Putnam's Sons, an imprint of Penguin Putnam Book for Young Readers,
a division of Penguin Putnam Inc. All rights reserved.

© 2002 *by* Spencer Johnson, M.D.
© 2003 *by* ediciones Urano, S. A.
    Aribau, 142, pral. - 08036 Barcelona
    www.mundourano.com
    www.edicionesurano.com

ISBN: 84-7953-528-8
Depósito legal: B- 16.638 - 2003

Fotocomposición: Ediciones Urano, S. A.
Impreso por Romanyá Valls, S. A. - Verdaguer, 1 -
    08786 Capellades (Barcelona)

Impreso en España - *Printed in Spain*

Los planes mejor trazados
por hombres y ratones
suelen torcerse

ROBERT BURNS, 1759-1796

La vida no es un pasillo recto, fácil
y sin obstáculos por el que viajamos con libertad,
sino un laberinto de recovecos
en el que debemos hallar nuestro camino,
perdidos y confusos,
atrapados de vez en cuando en un callejón sin salida.

Pero si mantenemos la fe,
siempre acabará abriéndose una puerta ante nosotros,
tal vez una que jamás hubiéramos imaginado,
pero que demostrará ser conveniente para nosotros.

A. J. CRONIN

¿Quién se ha llevado mi queso? para jóvenes

Índice

Partes que todos tenemos

Los cuatro personajes imaginarios descritos
en este relato —los ratones «Fisgón» y «Escurridizo» y los liliputienses «Hem» y
«Haw»— tratan de representar las partes simples y complejas de nosotros mismos, con in-
dependencia de nuestra edad, nuestro género,
nuestra raza o nuestra nacionalidad.

En ocasiones actuamos como

Fisgón
Que husmea pronto el cambio,

Escurridizo
Siempre dispuesto a lanzarse rápidamente a la acción, o como

Hem
Que niega el cambio y se resiste ante él porque
teme que conduzca a algo peor, o como

Haw
Que aprende a adaptarse a tiempo cuando compren-
de que el cambio puede conducir a algo ¡mejor!

Sean cuales fueren las partes de ti que decidas
utilizar, todos tenemos algo en común: la necesidad de encontrar nuestro camino en el laberinto y triunfar en tiempos de cambios.

Un encuentro

Un encuentro

Hora del almuerzo, instituto de secundaria local

El timbre acababa de sonar. Siete amigos salieron disparados de sus clases respectivas en dirección a la cafetería del instituto para encontrarse en la mesa en la que siempre almorzaban juntos. Acababan de tener noticia de los grandes cambios que iban a producirse en su instituto y estaban ansiosos por hablar de ello.

Chris y Melanie llegaron los primeros.

—¿Qué opinas? —preguntó Chris. Melanie se limitó a hacer un gesto de incertidumbre.

Al poco llegaron Peter, Kerry, Ana, Carl y Josh con la misma pregunta. El director acababa de anunciar un cambio importante en el calendario escolar. A partir de aquel momento y debido a la gran afluencia de alumnos, se añadiría un trimestre de verano al programa de estudios.

—Creo que ese cambio es una tontería —exclamó Ana, mientras dejaba su mochila en el suelo—. Me gustaba el calendario tal como estaba. ¿Por qué tienen que cambiar ahora las cosas?

—Sí, es una locura —asintió Peter—. Ahora muchos tendremos que cambiar de profesores.

A lo que Chris preguntó:

—¿Y qué?

Refunfuñando, Josh comentó:

—Justo cuando comienzas a saber cómo funcionan las cosas, ¡van y te cambian las reglas! ¡Típico!

—Venga chicos —intervino Chris—. Quién sabe, tal vez las cosas mejoren. El instituto está abarrotado, este cambio podría ser beneficioso.

—Me da igual —respondió Carl, que había suspendido tres materias el año anterior y repetía curso—. No quiero cambiar.

Kerry se echó a reír.

—¿De modo que estás en contra, aunque signifique una mejora?

Carl no se reía en absoluto.

—En este instituto nada mejora nunca —aseguró con firmeza.

Melanie le miró desde el otro lado de la mesa.

—¿Cómo puedes estar tan seguro? Todavía no lo hemos probado.

—Ya he tenido bastantes cambios en mi vida —interrumpió Josh—, y no quiero más.

Todos en la mesa sabían a lo que se refería Josh. Su padre le había abandonado cuando era niño y nunca lo había superado. Después de aquello sentía una rabia contenida ante cualquier cambio que alterara su vida.

—Justo lo que necesitaba —dijo Carl, y se hundió en su asiento—. Con mi suerte habitual, me veo yendo a clase el nuevo trimestre de verano.

Chris se echó a reír y sacudió la cabeza.

—¿Te parece divertido? —le preguntó Josh, con cara de pocos amigos.

A lo que Chris le respondió:

—No me río de ti, sino de mí mismo. Escucharos me hace recordar lo parecido a vosotros que era yo antes.

—Ah, ¿y ahora ya no lo eres? —le espetó Josh.

Kerry miró con suspicacia a Chris.

—Eres el único al que no parece afectar el nuevo calendario. ¿Es que sabes algo que nosotros no sepamos?

—Sí... —dijo Melanie, mirando a su a amiga—. ¿Qué pasa aquí? Últimamente eres el "señor siempre feliz". ¿Estás enamorado o algo así?

—No es eso —respondió Chris—. Supongo que las cosas cambiaron para mí cuando mi tío me explicó una historia que le contaron a él en el trabajo. Hizo que me riera de mí mismo y que me tomara las cosas de otro modo.

—¿Y qué historia es ésa? —quiso saber Melanie.

—Se titula *¿Quién se ha llevado mi queso?*

Eso les hizo reír a todos.

—Extraño título —comentó Kerry—. Creo que me va a gustar. ¿De qué trata?

—De cuatro personajillos que corren por un laberinto en busca de queso. El queso representa aquello que es importante para ti, como entrar a formar parte de un equipo, echarte novia o novio, entrar en la universidad o acabar la escuela y encontrar trabajo para que te sientas libre e independiente. Lo que sea. El laberinto es el lugar en el que buscas lo que te importa, por ejemplo, la escuela.

—Suena apestoso —bromeó Josh. Los demás soltaron una carcajada.

Carl echó un vistazo al reloj.

—¿Tenemos tiempo? —preguntó.

—Yo quiero escucharla —intervino Melanie.

—Muy bien. Trataré de contárosla tal como mi tío me la contó. Es cortita —les aseguró Chris—. Si comienzo ahora mismo, para el final del almuerzo habré terminado.

—De acuerdo, tú cuentas y nosotros comemos —dijo Josh—. Pero más vale que sea buena —añadió, y le dio el primer bocado a su sandwich.

—La historia es lo buena que tú quieres que sea —respondió Chris—. Todo depende de lo que quieras sacar de ella.

Luego añadió:

—Cuando vayáis entrando en la historia, preguntaros cuál es vuestro queso y qué personaje sois.

Y Chris comenzó su relato...

La historia de
¿Quién se ha llevado mi queso?

La historia

Érase una vez, hace mucho tiempo y en un lugar muy lejano, cuatro personajillos corrían por un laberinto en busca de queso con el que alimentarse y sentirse felices.

Dos de ellos eran ratones y respondían a los nombres de «Fisgón» y «Escurridizo». Los otros dos eran liliputienses, seres tan pequeños como los ratones, pero que actuaban como la gente de hoy en día y se parecían mucho a ella. Se llamaban «Hem» y «Haw».

Debido a su reducido tamaño hubiera sido fácil no darse cuenta de lo que estaban haciendo. Pero si te acercabas lo suficiente… ¡podías descubrir las cosas más sorprendentes!

Cada día, ratones y liliputienses pasaban todo su tiempo en el laberinto buscando su particular queso.

Los ratones Fisgón y Escurridizo, dotados de pequeños cerebros y de buen instinto, buscaban ese queso duro y bien curado que tanto les gustaba, como a la mayoría de sus congéneres.

Los dos liliputienses, Hem y Haw, utilizaban en cambio sus complejos cerebros, repletos de emociones y de creencias, para buscar una clase muy distinta de queso, un Queso con Q mayúscula que creían que les haría sentir felices y triunfadores.

Por muy diferentes que fueran ratones y liliputienses, algo tenían en común: cada mañana se ponían sus ropas de deporte y sus zapatillas de correr, salían de sus casitas y se lanzaban al laberinto en busca de su queso preferido.

El laberinto consistía en una maraña de pasillos y cámaras, algunas de las cuales contenían el delicioso manjar. Pero había también rincones oscuros y callejones sin salida, que no conducían a ninguna parte. Era un lugar ideal para perderse.

Sin embargo, para quien lograra encontrar el camino, el laberinto guardaba secretos que le permitían disfrutar de una vida mejor.

Los ratones Fisgón y Escurridizo se limitaban a utilizar un sencillo método de ensayo y error para buscar su queso. Corrían por un pasillo y, si estaba vacío, daban marcha atrás y se lanzaban hacia otro. Recordaban bien qué corredores no tenían queso y exploraban rápidamente nuevas zonas.

Sirviéndose de su grueso hocico, Fisgón husmeaba la dirección aproximada de donde procedía el aroma a queso y Escurridizo se lanzaba a por el tesoro. Como puedes imaginar, a menudo se perdían o se daban de bruces contra alguna pared. Pero al cabo de más o menos tiempo encontraban el camino.

Al igual que los ratones, los liliputienses Hem y Haw utilizaban también su capacidad para pensar y aprender de sus experiencias pasadas. Sin embargo, confiaban en sus cerebros complejos para desarrollar métodos más sofisticados para buscar el Queso.

Algunas veces les salía bien, pero en otras ocasiones sus creencias y emociones humanas les dominaban y ofuscaban su modo de ver las cosas. Eso hacía que la vida en el laberinto se tornara más complicada y desafiante.

No obstante, Fisgón, Escurridizo, Hem y Haw descubrieron al fin, cada cual a su modo, aquello que buscaban. Cada uno de ellos encontró un buen día su propia clase de queso, al final de uno de los pasillos en la Estación Quesera Q.

Después del hallazgo, cada mañana ratones y liliputienses vestían su indumentaria deportiva y se dirigían a la Estación Quesera Q. No pasó demasiado tiempo antes de que cada cual estableciera su propia rutina.

Fisgón y Escurridizo continuaban levantándose pronto y lanzándose a toda prisa por el laberinto, siguiendo siempre el mismo recorrido.

Una vez llegados a su destino, se sacaban las zapatillas, ataban juntos los cordones y se las colgaban del cuello, de modo que las tuvieran rápidamente a mano por si volvían a necesitarlas. Luego se ponían a disfrutar de su queso.

Al principio, Hem y Haw también corrían cada mañana hasta la Estación Quesera Q para paladear los nuevos bocados que allí les aguardaban.

Sin embargo, después de un tiempo los liliputienses comenzaron a desarrollar una rutina diferente.

Hem y Haw se levantaban cada día un poco más tarde, se vestían un poco más despacio y caminaban en lugar de correr hasta la Estación. Después de todo, sabían dónde estaba el Queso y cómo llegar hasta él.

No tenían la menor idea acerca de dónde procedía, ni de quién lo ponía allí. Simplemente daban por sentado que allí estaría.

En cuanto llegaban cada mañana a la Estación Quesera Q, Hem y Haw se acomodaban como si estuvieran en su propia casa. Colgaban su ropa de deporte, se sacaban las zapatillas de correr y se calzaban unas pantuflas. Ahora que habían localizado su Queso, comenzaban a sentirse realmente cómodos.

—Esto es fantástico —decía Hem—. Aquí tenemos Queso suficiente para siempre.

Los liliputienses se sentían felices y triunfadores, absolutamente convencidos de que por fin estaban seguros.

No pasó mucho tiempo antes de que Hem y Haw consideraran el Queso que habían encontrado en la Estación Q como su propio queso. Las reservas parecían tan abundantes que decidieron trasladar sus casas cerca de allí y construir su vida social a su alrededor.

Para sentirse aún más cómodos, como en casa, Hem y Haw decoraron las paredes con escritos. Uno de ellos decía:

Tener queso
te hace
feliz

En ocasiones Hem y Haw llevaban a algún amigo a ver el montón de Queso de la Estación Quesera Q y, señalándolo con orgullo, decían: «Bonito Queso ¿verdad?». Unas veces lo compartían con los amigos, otras no.

—Nos merecemos este Queso —dijo Hem—. Sin duda tuvimos que trabajar mucho tiempo y muy duro para dar con él —luego cogió un trozo de Queso y se lo comió.

Después se quedó dormido, como hacía a menudo.

Cada noche los liliputienses regresaban pesadamente a casa, repletos de Queso, y volvían confiados a la mañana siguiente en busca de más.

Así fueron las cosas durante bastante tiempo.

Luego, la confianza de Hem y Haw se fue transformando en la arrogancia propia del éxito. Pronto llegaron a sentirse tan cómodos que ni siquiera se percataron de lo que estaba sucediendo.

 Los días pasaban y Fisgón y Escurridizo seguían con su rutina. Llegaban pronto cada mañana y husmeaban, rascaban y corrían por la Estación Quesera Q en busca de cambios respecto al día anterior y, por último, se sentaban a mordisquear su queso.

Hasta que una mañana llegaron a la Estación y se encontraron con que no había ningún queso que mordisquear.

Aquello no los pillaba por sorpresa. Puesto que ya se habían dado cuenta de que el suministro de queso disminuía cada día que pasaba, estaban preparados para lo inevitable y sabían instintivamente lo que había que hacer.

Se miraron el uno al otro, cogieron las zapatillas que habían atado y que llevaban colgando del cuello, se las calzaron y anudaron los cordones.

Los ratones no se pusieron a analizar las cosas.

Para Fisgón y Escurridizo, tanto el problema como la solución eran cuestiones simples. La situación en la Estación Quesera Q había cambiado, de modo que también ellos iban a cambiar.

Ambos observaron el laberinto. Fisgón levantó el hocico, husmeó el aire y le indicó con la cabeza a Escurridizo la dirección a seguir. Éste salió disparado por el laberinto, seguido por Fisgón, que corría tanto como podía.

Se habían puesto en marcha en busca de su Nuevo Queso.

Más tarde, aquel mismo día, Hem y Haw llegaron a la Estación Quesera Q. Como no habían prestado atención a los pequeños cambios que sucedían día a día daban por sentado que allí iba a estar su Queso.

No estaban preparados para lo que se encontraron.

—¡¿Cómo?! ¿No hay Queso? —exclamó Hem. Y siguió gritando—: ¿No hay Queso? ¿No hay más Queso? —como si pensara que por el mero hecho de gritar muy fuerte alguien les devolvería el preciado alimento.

—¿Quién se ha llevado mi Queso? —se lamentó.

Finalmente, con los brazos en jarras y el rostro enrojecido, gritó con todas sus fuerzas:

—¡Esto no es justo!

Mientras, Haw guardaba silencio y movía con incredulidad la cabeza. También él contaba con encontrar Queso en la Estación Quesera Q. Se quedó allí un buen rato, paralizado por la fuerte impresión. No estaba preparado para aquello.

Hem gritaba algo, pero Haw no quería prestarle atención. No quería enfrentarse con lo que tenía delante, de modo que había desconectado.

El comportamiento de los liliputienses no era ni agradable ni productivo, aunque sí era comprensible.

Encontrar Queso no era tarea fácil, y para los Liliputienses significaba mucho más que tener algo que comer cada día.

Para los liliputienses encontrar Queso era la manera de obtener aquello que creían que les traería la felicidad. Según sus gustos, cada cual tenía sus propias ideas acerca de lo que el Queso significaba para él.

Para algunos, encontrar Queso consistía en poseer cosas materiales, o convertirse en un gran atleta o en una estrella famosa. Para otros, consistía en sacar buenas notas en la escuela, tener una hermosa relación o en sentirse bien consigo mismos.

Para Haw el Queso significaba simplemente sentirse seguro, tener algún día una familia entrañable y vivir en una hermosa casa en la avenida Cheddar.

Para Hem el Queso significaba convertirse en un Gran Quesero que mandase a otros, y tener una gran casa en la cima de la colina Camembert.

Puesto que el Queso era importante para ambos, los dos liliputienses pasaron un buen tiempo tratando de decidir qué hacer. Todo lo que se les ocurría era rebuscar en la Estación Sin Queso Q para cerciorarse de que el Queso se había esfumado de verdad.

Mientras que Fisgón y Escurridizo se habían puesto rápidamente en movimiento, Hem y Haw seguían vacilando y titubeando.

Pataleaban y maldecían la injusticia de todo aquello. Haw comenzó a sentirse deprimido. ¿Qué pasaría si el Queso tampoco estaba allí mañana? Había hecho planes para el futuro basándose en aquel Queso.

Los liliputienses no se lo podían creer. ¿Cómo podía haber sucedido aquello? Nadie les había avisado. No estaba bien. No era así como se suponía que las cosas debían de ser.

Aquella noche Hem y Haw se fueron a casa hambrientos y descorazonados. Pero antes de partir, Haw escribió en la pared:

Cuanto más importante
sea tu queso para ti,
más desearás
aferrarte a él

Al día siguiente Hem y Haw salieron de sus casas y volvieron de nuevo a la Estación Quesera Q, donde de algún modo aún esperaban encontrar su Queso.

La situación no había cambiado, el Queso ya no estaba allí. Los liliputienses no sabían qué hacer. Hem y Haw simplemente se quedaron allí, petrificados como estatuas.

Haw cerró los ojos tan fuerte como pudo y se tapó las orejas con las manos. Lo único que quería era aislarse de todo. No quería creerse que el Queso almacenado había ido disminuyendo poco a poco. Prefería pensar que alguien se lo había llevado de repente.

Hem, por su parte, seguía analizando una y otra vez la situación, hasta que por fin su complicado cerebro, con su gran sistema de creencias incluido, tomó el control.

—¿Por qué me habrán hecho esto a mí? —se preguntó—. ¿Qué está pasando en realidad?

Finalmente, Haw abrió los ojos, miró a su alrededor y dijo:

—Por cierto, ¿dónde están Fisgón y Escurridizo? ¿Crees que pueden saber algo que nosotros desconozcamos?

Hem hizo una mueca de incredulidad.

—¿Qué sabrán ésos?

—Sólo son ratones —prosiguió Hem—. Tan sólo responden a lo que sucede. Nosotros, en cambio, somos liliputienses. Somos más listos que los ratones. Deberíamos ser capaces de salirnos de ésta.

—Ya sé que somos más listos —respondió Haw—, pero en estos momentos me parece que no estamos actuando como si lo fuésemos. Las cosas están cambiando por aquí, Hem. Tal vez también nosotros debamos cambiar y hacer las cosas de otro modo.

—¿Y por qué deberíamos cambiar? —quiso saber Hem—. Somos liliputienses. Somos especiales. Esta clase de cosas no debería pasarnos a nosotros, o si nos pasa, deberíamos al menos sacar algún provecho.

—¿Por qué deberíamos sacar algún provecho? —preguntó Haw.

—Porque tenemos derecho —proclamó Hem.

—¿Derecho a qué? —insistió Haw.

—Derecho a nuestro Queso.

—¿Por qué? —insistió Haw.

—Pues porque nosotros no creamos este problema —respondió Hem—. Alguien lo ha causado y deberíamos sacar algún provecho de la situación.

Haw sugirió:

—Tal vez deberíamos simplemente dejar de analizar tanto la situación y ponernos a buscar un Queso Nuevo.

—Ah, no —protestó Hem—, yo pienso a llegar al fondo de este asunto.

Mientras Hem y Haw debatían sobre qué hacer, Fisgón y Escurridizo habían avanzado un buen trecho. Se habían internado en el laberinto y recorrido sus pasillos en busca de queso en cada Estación Quesera con la que se topaban.

No pensaban en otra cosa que en encontrar Queso Nuevo.

No lo encontraron durante un tiempo, hasta que por fin se adentraron en una zona del laberinto en la que nunca habían estado antes: la Estación Quesera N.

Gritaron de deleite. Habían dado con lo que buscaban: un gran depósito de Queso Nuevo.

Apenas daban crédito a sus ojos. Era el mayor montón de queso que ratón alguno hubiera visto jamás.

Mientras tanto, Hem y Haw seguían atascados en la Estación Quesera Q evaluando su situación. Sufrían ya los efectos de la carencia de Queso. Se sentían cada vez más frustrados e irritados y comenzaban a echarse la culpa el uno al otro de la situación en la que se encontraban.

De vez en cuando Haw se acordaba de Fisgón y Escurridizo, sus amigos los ratones, y se preguntaba si habrían encontrado ya queso. Creía que debían estarlo pasando mal, porque correr por el laberinto implicaba siempre cierto grado de incertidumbre. Pero también sabía que esa incertidumbre no duraba eternamente.

En ocasiones, Haw imaginaba que Fisgón y Escurridizo habían encontrado Queso Nuevo y disfrutaban de él. Pensó lo bueno que sería para él vivir una aventura en el laberinto y encontrar Queso Nuevo. Casi podía saborearlo.

Cuanto con más claridad veía Haw la imagen mental de sí mismo encontrando y saboreando Queso Nuevo, más capaz se sentía de abandonar la Estación Quesera Q.

—¡Vámonos! —exclamó de repente.

—No —respondió enseguida Hem—, me gusta estar aquí. Es cómodo y es lo que conozco. Además, salir ahí afuera es peligroso.

—No, no lo es —argumentó Haw—. Hemos corrido antes por el laberinto y podemos hacerlo de nuevo.

—Me estoy volviendo viejo para eso —protestó Hem—. Además, lo siento, pero no tengo ningún interés en perderme y parecer un tonto. ¿Tú sí?

Al oír aquellas palabras, el temor al fracaso de Haw se hizo de nuevo presente, al mismo tiempo que disminuía su esperanza de encontrar Queso Nuevo.

Así que cada día, los liliputienses hacían lo mismo que siempre habían hecho. Se iban a la Estación Quesera Q, no encontraban nada de Queso y se volvían a sus casas, acarreando consigo sus preocupaciones y su frustración.

Trataban de negar lo que les estaba sucediendo, pero por la noche les costaba más dormirse, cuando llegaba la mañana se sentían con menos energía y cada vez se mostraban más irritables.

Sus casas no eran ya los lugares acogedores que habían sido. Los liliputienses tenían cada vez más dificultades para dormir y, cuando lo lograban, tenían pesadillas, en las que buscaban desesperadamente Queso sin encontrarlo.

Sin embargo, Hem y Haw seguían regresando cada día a la Estación Quesera Q para esperar allí en vano.

Hem le dijo a Haw un día:

—¿Sabes? Creo que si trabajamos lo suficientemente duro, descubriremos que en realidad nada ha cambiado tanto. Probablemente el Queso está muy cerca. Tal vez ahí, escondido detrás de esa pared.

Al día siguiente Hem y Haw regresaron con herramientas. Hem sostenía el cincel mientras Haw lo golpeaba con el martillo, hasta que lograron practicar un boquete en una de las paredes de la Estación Quesera Q, se asomaron por él y descubrieron que ahí no había Queso.

Se sintieron decepcionados, pero pensaron que podían resolver el problema, de modo que al día siguiente se levantaron más temprano, estuvieron más tiempo trabajando y picaron con mayor ahínco. Sin embargo, a fin de cuentas lo único que lograron fue hacer un boquete mayor.

Haw comenzaba a darse cuenta de la diferencia fundamental entre actividad y productividad.

—Tal vez —interpuso Hem—, deberíamos quedarnos aquí sentados a ver qué pasa. Tarde o temprano tendrán que volver a poner el Queso.

Haw deseaba creerse aquello, así que cada noche se iba a su casa para tratar de descansar y, al día siguiente, no demasiado convencido, regresaba con Hem a la Estación Quesera Q. Pero el Queso seguía sin aparecer.

Para entonces los liliputienses estaban adelgazando a causa del hambre y del estrés. Haw se estaba cansando de esperar a que la situación mejorara por sí sola. Comenzó a comprender que cuanto más tiempo permanecieran sin Queso, peor sería para ellos. Sabía que estaban perdiendo el control.

Por fin, un buen día Haw comenzó a reírse de sí mismo.

—¡Ja, ja, ja! ¡Míranos! Aquí estamos, haciendo día tras día lo mismo y preguntándonos por qué las cosas no mejoran. Si no fuera tan ridículo, incluso sería más gracioso.

A Haw no le seducía la idea de tener que correr por el laberinto de nuevo, sabía que iba a perderse y, además, no tenía la menor idea de dónde encontrar Queso, pero no le quedaba otro remedio que reírse de aquella locura al ver lo que el miedo estaba haciendo con él.

Le preguntó a Hem:

—¿Dónde dejamos nuestras zapatillas de correr?

Les llevó un buen raro encontrarlas, porque cuando habían dado con el Queso en la Estación Quesera Q habían arrinconado todo su equipo, convencidos de que nunca más lo iban a necesitar.

Al ver que su compañero se enfundaba la vestimenta deportiva, Hem exclamó:

—No pensarás en serio salir de nuevo al laberinto, ¿verdad? ¿Por qué no te quedas aquí conmigo esperando hasta que vuelvan a poner el Queso?

—Porque... ¡no te das cuenta! —le respondió Haw—. Yo tampoco quería verlo antes, pero ahora comprendo que nadie nos devolverá el Queso. Llegó la hora de buscar Queso Nuevo.

Hem protestó.

—¿Pero qué pasa si ahí afuera no hay más Queso? O aunque lo haya, ¿qué pasa si no lo encuentras?

—No lo sé —respondió Haw. Él mismo se había planteado aquellas preguntas muchas veces y sintió de nuevo los temores que le habían mantenido aferrado al lugar en el que se encontraba.

Finalmente se preguntó:

«¿Dónde es más probable que encuentre Queso? ¿Aquí o en el laberinto?»

Se forjó una imagen mental en la que se veía a sí mismo corriendo por el laberinto con una sonrisa en la cara.

Si bien aquella imagen le sorprendió un tanto, le hizo sentir mucho mejor. Vio que se perdía de vez en cuando en el laberinto y, a pesar de ello, no perdía la confianza en que iba a encontrar un Queso Nuevo ahí afuera, junto con todas las cosas buenas que lo acompañaban. Así consiguió reunir valor.

Luego utilizó su imaginación para dibujar la imagen más creíble que pudo —dotada de los detalles más realistas— de sí mismo en el momento de encontrar el Queso Nuevo y disfrutar de su delicioso sabor.

Imaginó que comía queso suizo con agujeros, queso Cheddar y quesos americanos de un brillante color anaranjado, mozzarella italiana, suave y tierno Camembert francés y...

En aquel momento oyó que Hem decía algo y se percató de que todavía seguían en la Estación Quesera Q.

Entonces dijo:

—A veces las cosas cambian, Hem, y nunca vuelven a ser igual que antes. Parece que nos encontramos en una de estas situaciones. ¡Así es la vida! La vida sigue…, y lo mismo deberíamos hacer nosotros.

Haw se quedó mirando a su desmejorado compañero y trató de que entrara en razón, pero el temor de Hem se había convertido en ira y no estaba dispuesto a escucharle.

Haw no quería mostrarse descortés con su amigo, pero no podía dejar de reírse ante lo tontos que ambos llegaban a ser.

Mientras se preparaba para partir comenzó a sentirse más vivo, pues comprendía que por fin era capaz de reírse de sí mismo, de soltar amarras y de avanzar.

Se echó a reír y anunció:

—Es… la hora… ¡del laberinto!

Hem ni rió ni respondió.

Haw tomó del suelo una piedrecilla afilada y dejó escrito en la pared un pensamiento serio para que Hem reflexionara sobre él, confiando en que lo ayudara a salir también en busca del Queso Nuevo. Parecía que Hem no estaba interesado.

Decía así:

O cambias
o te extingues

Acto seguido, Haw asomó con impaciencia la cabeza por el laberinto. No podía dejar de pensar en cómo se había metido en aquella situación tan desquesada.

Hasta entonces había pensado que o bien no había más Queso en el laberinto, o bien él no sería capaz de encontrarlo. Aquellas creencias tan limitadoras lo inmovilizaban y lo consumían.

Haw sonrió. Sabía que Hem aún se estaba preguntando «¿Quién se ha llevado mi queso?», mientras que él se decía: «¿Por qué no me puse en marcha y me moví con el Queso antes?».

Al adentrarse en el laberinto, Haw echó una mirada atrás, a su lugar de partida, y perdió la seguridad. Podía sentir la atracción del territorio conocido, a pesar de que hacía tiempo que no encontraba Queso en él.

Se sintió más ansioso y comenzó a preguntarse si realmente quería recorrer de nuevo el laberinto. Escribió otra frase en la pared frente a él y se la quedó mirando un rato:

¿Qué harías
si no
tuvieras miedo?

Haw reflexionó sobre aquello.

Sabía que, en ocasiones, algo de miedo puede ser bueno. Si temes que las cosas empeoren si no haces nada, eso te puede mover a la acción. Sin embargo, de nada sirve estar tan asustado que el miedo te impida actuar.

Miró a su derecha, hacia la parte del laberinto en la que nunca había estado, y sintió el miedo en las tripas.

Por fin, con una profunda inspiración, Haw se volvió hacia su derecha y comenzó a avanzar, lentamente, hacia lo desconocido.

Al principio, mientras trataba de encontrar el camino correcto, Haw se preguntaba si no habría esperado demasiado para salir de la Estación Quesera Q. Llevaba tanto tiempo sin comer Queso que se sentía débil. Le costaba más de lo habitual recorrer el laberinto.

Decidió que, si alguna vez se le presentaba de nuevo la oportunidad, dejaría antes la zona confortable y se adaptaría antes al cambio. Eso haría las cosas más fáciles.

Entonces, con una débil sonrisa, Haw se dijo a sí mismo: «Mejor tarde que nunca».

En los días siguientes, Haw encontró un poco de Queso aquí y allá, pero nada que le durara mucho tiempo. Esperaba encontrar suficiente Queso para llevarle algo a Hem y animarle a salir al laberinto.

Pero aún no se sentía con suficiente confianza. Tenía que reconocer que se sentía confuso en el laberinto. Las cosas parecían haber cambiado desde la última vez que había estado en él.

Justo cuando creía que avanzaba, se daba cuenta de que se había perdido por los pasillos. Parecía que su progreso consistía en dar dos pasos adelante y uno atrás. Aquello era sin duda un desafío, pero tenía que admitir que estar de nuevo en el laberinto en busca de Queso no era tan terrible como había temido.

A medida que pasaba el tiempo Haw comenzó a preguntarse si era realista esperar dar con Queso Nuevo. Se preguntó si no habría mordido un pedazo tan grande que no podría masticar. Y entonces se echó a reír, pues comprendió que su problema consistía precisamente en que no tenía nada que masticar.

Cada vez que se sentía descorazonado se decía que lo que estaba haciendo, por muy incómodo que le resultara, era mejor que quedarse en la anterior situación, sin queso. En lugar de conformarse con que las cosas sucedieran, comenzaba a tomar el control.

Se dijo entonces que si Fisgón y Escurridizo podían seguir adelante, ¡él también!

Luego, al recapacitar sobre lo ocurrido, Haw se percató de que el Queso de la Estación Q no había desaparecido de la noche a la mañana, como había creído. La cantidad de Queso que encontraban hacia el final era cada vez menor, y lo poco que quedaba se estaba estropeando. El sabor no era el mismo de antes.

Incluso era posible que, aunque ellos no se hubieran dado cuenta, el moho hubiera comenzado a crecer sobre el Queso Viejo. Sin embargo, tenía que admitir que, de haber querido reconocer la realidad, seguramente se hubiera dado cuenta de lo que se avecinaba. Pero no había querido.

Haw se percataba ahora de que, probablemente, el cambio no lo hubiera pillado por sorpresa si hubiera querido ver lo que estaba pasando ante sus ojos y se hubiera anticipado al cambio. Tal vez eso fue lo que Fisgón y Escurridizo habían hecho.

Decidió que, a partir de aquel momento, estaría más atento. Sabía que los cambios podían suceder y los esperaría. Confiaría en sus instintos básicos para detectar la llegada del cambio y para adaptarse a él.

Se detuvo a descansar un poco y aprovechó para escribir otro pensamiento en la pared:

Olfatea el queso a menudo y así sabrás cuándo comienza a estropearse

Transcurrido algún tiempo, tras un largo período en el que no encontró Queso alguno, Haw se topó por fin con lo que parecía una enorme Estación Quesera de aspecto prometedor. Sin embargo, cuando penetró en su interior quedó decepcionado al descubrir que, en realidad, estaba vacía.

—Esta sensación de vacío me ha sucedido demasiado a menudo —pensó Haw. Se sentía a punto de abandonar.

Se estaba quedando sin fuerzas. Sabía que se había perdido y temía no poder sobrevivir. Pensó en dar la vuelta y regresar a la Estación Quesera Q. Por lo menos, si conseguía llegar hasta allí y Hem no se había marchado, no estaría solo. Pero entonces volvió a plantearse la misma pregunta: «¿Qué haría si no tuviera miedo?».

Haw creía haber superado sus temores, aunque, en realidad, se sentía asustado más a menudo de lo que le hubiera gustado admitir, incluso para sus adentros. No estaba siempre seguro de qué era lo que lo atemorizaba, pero, débil como estaba, sabía que le asustaba simplemente seguir solo. Aunque Haw no era consciente de ello, se estaba quedando atrás porque todavía arrastraba el lastre de sus creencias negativas.

Se preguntaba si Hem se habría decidido por fin a partir o si, por el contrario, seguiría aún paralizado por sus propios miedos. Luego recordó aquellos momentos en que mejor se había sentido en el laberinto. Eran aquellos en los que avanzaba.

Escribió algo en la pared, a sabiendas de que se trataba tanto de un recordatorio para él mismo como de un consejo para su amigo Hem, que ojalá siguiera:

Moverte en una
nueva dirección te
ayuda a encontrar

Queso Nuevo

Haw miró hacia el oscuro corredor y tuvo conciencia de su miedo. ¿Qué le aguardaba allí? ¿Estaría vacío? O, aún peor, ¿habría algún peligro oculto? Comenzó a imaginarse toda suerte de cosas terribles que podían sucederle. Empezaba a asustarse terriblemente.

Entonces se dio cuenta de que sus temores sólo empeoraban las cosas, de modo que se rió de sí mismo e hizo lo que hubiera hecho de no estar asustado: avanzar en una nueva dirección.

A medida que corría por el tenebroso pasillo, Haw comenzó a sonreír. Todavía no se había percatado de ello, pero estaba descubriendo lo que alimentaba su alma. Se dejaba llevar y confiaba en lo que le aguardaba, aunque no supiera qué sería exactamente.

Para su sorpresa, comenzó a disfrutar cada vez más. «¿Por qué me siento tan bien? —Se preguntó—. No tengo Queso ni tengo la menor idea de adónde voy.»

No tardó mucho en descubrir por qué se sentía tan a gusto.

Se detuvo y escribió en la pared de nuevo:

Cuando dejas
de tener miedo,
¡te sientes
fenomenal!

Haw se dio cuenta de que había sido prisionero de sus propios miedos. Avanzar en una nueva dirección le había liberado.

En aquel momento podía sentir la suave brisa que soplaba en aquella parte del laberinto. Era refrescante. Respiró profundamente varias veces y aquel movimiento le llenó de vigor. Una vez superados sus temores, todo aquello resultaba mucho más agradable de lo que nunca hubiera imaginado.

Hacía mucho tiempo que Haw no se sentía de aquel modo. Ya casi había olvidado lo divertido que era ir en busca de algo.

Para mejorar aún más las cosas, se formó de nuevo una imagen mental. En ella se veía a sí mismo, con todo lujo de detalles, sentado en medio de un montón de sus quesos favoritos, ¡desde el Cheddar al Brie! Se vio degustando tantos quesos como deseaba, y se deleitó con la visión. Luego se imaginó cómo disfrutaba con todos aquellos distintos sabores exquisitos.

Cuanto más clara veía la imagen de sí mismo disfrutando con el Queso Nuevo, más real y apetecible se volvía. Podía sentir que iba a encontrarlo.

Escribió de nuevo:

Imaginarte disfrutando
de tu Queso Nuevo
te lleva hasta él

Haw siguió pensando en lo que podía ganar más que en lo que estaba perdiendo.

Se preguntó por qué siempre había preferido pensar que el cambio tenía que conducir a algo peor. Ahora se daba cuenta de que el cambio podía también llevar a algo mejor.

«¿Por qué no me habré dado cuenta de esto antes?», se preguntó.

Y comenzó a correr por el laberinto con fuerza y agilidad renovadas. No tardó mucho en descubrir una Estación Quesera cerca de cuya entrada se podían ver trocitos de Queso Nuevo. Aquello lo estimuló aún más.

Se trataba de clases de Queso que nunca antes había visto, pero tenían un aspecto magnífico. Los probó y descubrió que eran deliciosos. Se comió casi todos los trocitos, menos algunos que guardó en sus bolsillos para más tarde, o tal vez para compartir con Hem. Sentía que comenzaba a recuperar las fuerzas.

Presa de gran excitación, entró por fin en la Estación Quesera. Para su desencanto, resultó estar vacía. Alguien ya había estado allí y sólo había dejado algunos trocitos de Queso Nuevo en la entrada.

Haw se dio cuenta de que si hubiera actuado antes, muy probablemente habría encontrado allí una buena provisión de Queso Nuevo.

Decidió regresar para averiguar si Hem estaba ya dispuesto a acompañarlo.

Mientras recorría el camino de vuelta, se detuvo a escribir una vez más en la pared:

Cuanto antes te
desprendas del
Queso Viejo, antes
encontrarás

Queso Nuevo

Al cabo de un rato llegó a la Estación Quesera Q, donde encontró a Hem. Le ofreció los trozos de Queso Nuevo pero, para su sorpresa, los rechazó.

Hem apreciaba el gesto de su amigo, pero le dijo:

—No creo que me guste el Queso Nuevo. No es a lo que estoy acostumbrado. Exijo que me devuelvan mi Queso, y no voy a cambiar hasta que consiga lo que quiero.

Haw sacudió la cabeza con disgusto y reemprendió su camino en solitario. De vuelta al punto más distante que había alcanzado en el laberinto, sentía añoranza de su amigo, pero también se daba cuenta de que lo que estaba descubriendo le gustaba. Incluso antes de encontrar lo que esperaba que fuese una gran provisión de Queso Nuevo, si es que eso llegaba a ocurrir, había descubierto que lo que le hacía feliz no era tan sólo tener Queso.

Se sentía feliz cuando no se dejaba dominar por el miedo. Le gustaba lo que estaba haciendo en aquel mismo momento.

Y con esta convicción Haw ya no se sentía tan débil como cuando estaba en la Estación Quesera Q sin Queso alguno que echarse a la boca. Darse cuenta de que no permitía que el miedo lo paralizara, así como saber que había tomado una nueva dirección, lo nutría y le daba fuerzas.

Sentía en aquellos instantes que encontrar lo que necesitaba no era más que una cuestión de tiempo. De hecho, sentía que ya había encontrado lo que buscaba.

Sonrió ante este descubrimiento, y escribió de nuevo:

Es más seguro buscar
en el laberinto
que permanecer en
una situación

sin Queso

Como ya le había sucedido antes, Haw se percató de que aquello a lo que temes no es nunca tan terrible como lo imaginas. El temor que dejas crecer en tu mente es mucho peor que la situación real.

Le asustaba tanto la posibilidad de no encontrar nunca Queso Nuevo que ni siquiera se planteó buscarlo. Sin embargo, desde el inicio de su viaje había ido encontrando en los pasillos del laberinto suficiente Queso para mantenerse en marcha. Ahora iba a por más. Simplemente mirar al futuro era ya de por sí excitante.

Su forma de pensar anterior se había visto nublada por sus preocupaciones y sus miedos. Solía pensar que no tendría suficiente Queso, o que no le duraría tanto como él deseaba. Por lo general pensaba más en lo que podía salir mal que en lo que podía salir bien.

Pero eso había cambiado en el momento en que decidió salir de la Estación Quesera Q.

Antes solía pensar que nunca tendrían que haberle movido el Queso, y que el cambio no estaba bien.

Ahora se daba cuenta de que lo natural era que hubiera cambios continuamente, tanto si eran esperados como si no. El cambio sólo te pillaba por sorpresa si no lo esperabas y si no ibas en busca de él.

Cuando se dio cuenta de que sus creencias habían cambiado, se detuvo a anotar en la pared:

Las viejas creencias no te llevarán hasta el Queso Nuevo

Aunque Haw no había encontrado aún Queso Nuevo, a medida que avanzaba por el laberinto reflexionaba sobre lo que ya había aprendido.

Se daba cuenta de que sus nuevas creencias estimulaban en él nuevos comportamientos. Se comportaba de un modo muy distinto a cuando se limitaba a volver cada día a la misma Estación sin Queso.

Había aprendido que cuando cambias lo que crees, cambias lo que haces.

Puedes creer que determinado cambio te perjudicará y resistirte a él. O puedes creer que encontrar Queso Nuevo te irá bien y aceptar el cambio.

Todo depende de lo que quieras creer.

Así que escribió una vez más en la pared:

Cuando te das cuenta
de que puedes
encontrar Queso
Nuevo y disfrutarlo,
cambias de dirección

Haw sabía que si se hubiera decidido mucho antes a afrontar el cambio y a salir de la Estación Quesera Q, estaría en mejores condiciones. Se sentiría más fuerte en cuerpo y espíritu y en mejor situación para enfrentarse al reto de encontrar Queso Nuevo. De hecho, de haber esperado cambios en lugar de perder el tiempo negando que el cambio ya se había producido, tal vez a esas alturas ya lo hubiera encontrado.

Haw utilizó de nuevo su imaginación para verse a sí mismo saboreando aquel Queso Nuevo delicioso. Decidió adentrarse en lo más recóndito y desconocido del laberinto, donde fue encontrando trocitos de Queso aquí y allá. Comenzaba a recuperar las fuerzas y la confianza.

Mientras pensaba en el punto de partida de su aventura, Haw se alegró de haber escrito en muchas paredes. Confiaba en que sus notas sirvieran de guía a Hem a través del laberinto, por si al fin se decidía a salir de la Estación Quesera Q.

Esperaba tan sólo avanzar en la buena dirección. Pensó en la posibilidad de que Hem leyera los mensajes en la pared y encontrara el camino.

Entonces escribió algo en lo que había estado pensando durante algún tiempo:

Darte cuenta a tiempo de los cambios pequeños te ayuda a adaptarte a los grandes cambios que están por llegar

A esas alturas, Haw se había desprendido totalmente del pasado y se estaba adaptando al presente.

Siguió recorriendo el laberinto con más fuerza y mayor rapidez. Y de repente, sucedió.

Cuando ya creía que había pasado en el laberinto una eternidad, su viaje —o al menos parte de él— terminó de forma rápida y feliz.

Avanzaba por un corredor nuevo para él, giró una esquina, ¡y encontró Queso Nuevo en la Estación Quesera N!

Al entrar en ella, se quedó pasmado ante lo que vio. Por todas partes había montones enormes de Queso, el mayor depósito que jamás hubiera visto. No podía reconocer todas las clases de Queso que veía, algunas de ellas eran nuevas para él.

Se quedó un momento pensando si aquello era real o sólo fruto de su imaginación, pero entonces vio a Fisgón y a Escurridizo.

Fisgón lo saludó con un movimiento de la cabeza, y Escurridizo con la patita. Sus orondas barriguitas proclamaban con claridad que ya llevaban allí algún tiempo.

Haw saludó apresuradamente y comenzó a mordisquear sus quesos favoritos. Se sacó las zapatillas, ató los cordones y se las colgó del cuello por si las volvía a necesitar.

Fisgón y Escurridizo se rieron. Asintieron con admiración. Luego Haw se lanzó de cabeza sobre el Queso Nuevo. Cuando ya no pudo más, levantó un trozo de Queso e hizo un brindis: «¡Viva el cambio!».

Mientras disfrutaba del Queso Nuevo, Haw reflexionaba en lo que había aprendido.

Comprendió que, dominado por el miedo al cambio, se había aferrado a la ilusión de un Queso Viejo que ya no estaba ahí.

¿Qué fue lo que le hizo cambiar? ¿El miedo a morir de hambre? Haw sonrió para sí, pues admitía que sin duda eso había contribuido.

Pero luego se echó a reír, porque comprendía que había comenzado a cambiar a partir del momento en que había aprendido a reírse de sí mismo y de lo que había estado haciendo mal. Se percataba de que el modo más rápido de cambiar consistía en reírte de tu propia indecisión. Es entonces cuando puedes liberarte y avanzar con rapidez.

Haw sabía que había aprendido algo  de sus amigos los ratones Fisgón y Escurridizo, algo útil que tenía que ver con no parar de moverse. No se entretenían en analizar o complicar las cosas más de la cuenta. Ante una nueva situación, cuando el Queso cambiaba de sitio, ellos también cambiaban y se movían con el Queso. No lo iba a olvidar.

Haw había también utilizado su maravilloso cerebro para hacer algo que los liliputienses hacían mejor que los ratones.

Se había imaginado a sí mismo —con todo lujo de detalle— encontrando algo mejor, mucho mejor.

Reflexionó sobre los errores que había cometido en el pasado y decidió utilizarlos para planificar su futuro. Sabía que era posible aprender a hacer frente al cambio.

Podías prestar más atención a la necesidad de mantener la simplicidad de las cosas, a ser flexible y moverte con rapidez.

No hacía falta complicar las cosas más de lo necesario, ni confundirse con creencias limitadoras.

Podías darte cuenta de cuándo comenzaban los pequeños cambios, de modo que el gran cambio que se avecinaba no te pillara desprevenido.

Haw sabía que tenía que adaptarse más rápido, porque si no te adaptas a tiempo es muy probable que no puedas adaptarte en absoluto.

Tenía que admitir que el mayor inhibidor del cambio está dentro de uno mismo, y que nada mejora hasta que tú cambies.

Y, más importante aún, comprendió que, tanto si te das cuenta de ello a tiempo como si no, ahí afuera siempre había Queso Nuevo disponible que te aguarda como recompensa cuando decidas sobreponerte a tus miedos y disfrutar con la aventura.

Sabía que había que respetar cierta modalidad de miedo, aquella que puede mantenerte alejado del peligro real, pero se percataba de que sus temores habían sido irracionales y le habían impedido cambiar cuando era necesario.

Aunque al principio no le había gustado, reconocía que el cambio había demostrado ser una bendición disfrazada, puesto que le había forzado a encontrar un Queso mejor.

Incluso había descubierto una parte mejor de sí mismo.

A medida que Haw recordaba lo que había aprendido, pensó en su amigo Hem. Se preguntaba si Hem habría leído alguno de los mensajes que había ido escribiendo en las paredes de la Estación Quesera Q y a lo largo del laberinto.

¿Se habría decidido Hem por fin a soltarse y avanzar? ¿Se habría atrevido finalmente a adentrarse en el laberinto y encontrar lo que podía mejorar su vida?

¿O tal vez todavía dudaba porque no quería cambiar?

Haw pensó en regresar a la Estación Quesera Q en busca de su amigo, suponiendo que fuera capaz de encontrar el camino. Si encontraba a Hem, pensaba, podría mostrarle el modo de librarse de su situación. Pero entonces se percató de que ya lo había intentado antes sin éxito.

Hem tenía que encontrar su propio camino, más allá de su comodidad y de sus temores. Nadie podía hacerlo por él, o convencerle para que lo hiciera. De algún modo tenía que darse cuenta por sí mismo de las ventajas de cambiar.

Haw sabía que le había dejado a su amigo un rastro que podía seguir, con la condición de que leyera los mensajes escritos en las paredes.

En la mayor pared de la Estación Quesera N, Haw comenzó entonces a escribir un resumen de lo que había aprendido. Cuando hubo terminado, a la vista de las enseñanzas que había ido descubriendo, sonrió:

LOS MENSAJES EN LA PARED

El cambio ocurre

Nunca paran de mover el Queso

Anticípate al cambio

Prepárate para cuando se mueva el Queso

Vigila el cambio

Olfatea el Queso a menudo, para saber cuándo comienza a estropearse

Adáptate rápidamente al cambio

Cuanto antes te desprendas del Queso Viejo, antes disfrutarás del Queso Nuevo

Cambia

Muévete con el Queso

¡Disfruta del cambio!

Saborea la aventura y disfruta con el sabor del Queso Nuevo

Muéstrate siempre dispuesto a cambiar con rapidez, y disfruta cambiando una y otra vez

Nunca paran de mover el Queso

Haw comprendió entonces lo lejos que había llegado desde que estuviera atrapado con Hem en la Estación Quesera Q, pero también era consciente de lo fácil que le resultaría volver atrás si comenzaba a acomodarse demasiado. Por consiguiente, cada mañana inspeccionaba la Estación Quesera N para ver en qué condiciones se encontraba el Queso. Estaba determinado a hacer cuanto estuviera en su mano para no verse sorprendido de nuevo por un cambio inesperado.

Aunque aún disponía de una abundante reserva de Queso, a menudo salía al laberinto a explorar nuevas áreas y mantener el contacto con lo que sucedía a su alrededor. Sabía que era más seguro ser consciente de las opciones reales, que mantenerse aislado en su zona de comodidad.

Mientras se hallaba absorto en estas reflexiones, oyó lo que parecían ruidos de movimiento en el laberinto. A medida que el ruido aumentaba, se percató de que alguien se aproximaba.

¿Sería tal vez Hem, que estaba llegando? ¿Estaba quizá su amigo a punto de doblar la esquina?

Con una pequeña plegaria Haw esperó —como tantas otras veces antes— que tal vez, por fin, su amigo hubiera conseguido…

¡Moverse con el Queso y disfrutar con ello!

Fin…
¿O, tal vez,
sólo un nuevo principio?

El debate

El debate

Después del almuerzo

Chris acabó el relato justo cuando sonaba el timbre que anunciaba el final del tiempo para el almuerzo.

—Espera —le dijo Melanie—. No estoy segura de haber captado aún el mensaje. ¿Podríamos vernos luego, tal vez en Sharky's?

—Yo también me apunto —dijo Josh, mientras hacía una pelota con su servilleta y la lanzaba a la papelera.

—Y yo —añadió Kerry. Todos los demás se mostraron de acuerdo, menos Carl.

—Yo no —le dijo Carl a Kerry—. Dan algo en la tele esta noche que quiero ver.

—Tú y tu tele —bromeó Kerry—. Os veo a los demás luego, chicos —les dijo, mientras salían de la cafetería para dirigirse a sus clases de la tarde.

Más tarde, por la noche, Chris fue el primero en llegar a Sharky's, la pizzería del pueblo. Eligió un banco grande en el fondo, con capacidad suficiente para todo el grupo.

Cuando todos habían llegado tuvieron que elegir los ingredientes de la pizza, cuestión siempre difícil de consensuar. Tras haberle dado el confuso encargo a la camarera, Ana le preguntó:

—¿Podrías asegurarte de que el queso de nuestra pizza sea queso nuevo y no viejo, por favor? Gracias. —Todos en la mesa rieron mientras la camarera se alejaba meneando la cabeza.

—He pensado en esa historia toda la tarde —dijo Melanie—. ¿Quién creéis que sois, chicos, Fisgón, Escurridizo, Hem o Haw?

—¿Tenemos que elegir sólo uno? —preguntó Peter—. Unas veces actúo como Escurridizo, otras como Hem, no sé.

—Sí, creo que somos personajes diferentes en momentos diferentes —intervino Ana, mirando a Chris en busca de aprobación.

—A mí no me mires —dijo Chris enseguida—. Lo que cada cual saque en limpio de la historia es cosa suya.

—Creo que el queso puede ser cualquier cosa que desees —dijo Kerry—, o que creas merecer. El laberinto es el lugar donde lo buscas, como la escuela o nuestra casa.

—Muy bien —dijo Peter—, ya lo entiendo: queso, laberinto, ratones. ¿Pero cómo utilizar realmente la historia? ¿Puede alguien darme un ejemplo?

A la vista de que nadie más respondía, Chris propuso:

—Yo puedo. Todos sabéis que jugué a baloncesto en Primaria. No batí ningún récord, pero era bastante bueno, así que al comenzar Secundaria traté de entrar en el equipo. No daba la talla, la mayoría de los tipos del equipo eran más altos que yo. Aquello hizo que me diera cuenta de algo. Parecía que todos mis amigos, incluyéndote a ti, Josh, crecían más que·yo, comenzaban a afeitarse antes y todo eso. Yo seguía llevando los mismos vaqueros que en séptimo. Las cosas cambiaban a mi alrededor y no me gustaba nada de lo que sucedía, de modo que comencé a actuar como Hem. Me repetía a mí mismo sin cesar: «No es justo». —Chris miró a Peter y a Josh y admitió—: Mientras vosotros quedabais con chicas e ibais a bailes, yo me quedaba en casa encerrado en mi habitación.

—¿Y qué pasó? —quiso saber Melanie.

—Bueno, más o menos por aquel entonces oí la historia del Queso. A partir de entonces, mi modo de ver lo que estaba sucediendo cambió.

Dirigió una mirada a Kerry, la alta estrella del equipo femenino de baloncesto, y prosiguió.

—Estaba bastante claro que no me iban a fichar en la NBA —todos se rieron—, de modo que decidí pasarme al estilo de Haw y reírme de todo ello.

»Dejé de tomarme tan en serio. Ahora que lo recuerdo, me parece divertido el tiempo que dedicaba a preocuparme por lo alto que era o, mejor dicho, por lo bajo que era. Supongo que vi uno de los mensajes escritos en la pared del laberinto. No podía regresar a mi vieja Estación Quesera, a mis sueños de séptimo de convertirme en una estrella del baloncesto.

—¿Y qué hiciste? —insistió Melanie.

—Busqué queso nuevo, seguí adelante. Y aquí me tenéis, debutante en el equipo de fútbol, algo en lo que nunca sospeché que pudiera destacar. Ojalá hubiera oído antes esa historia.

Peter parecía escéptico.

—Espera un momento, ¿estás diciendo que sacaste todo esto de esa pequeña historia?

—No es la historia —respondió Chris—, sino lo que aprendí de ella. Me hizo ver las cosas de forma diferente después de oírla. ¿Tiene eso sentido para ti?

—Se habían llevado tu queso —comenzó Melanie—, pero entonces oíste ese relato y te diste cuenta de que estabas actuando como Hem, de modo que te animaste y decidiste cambiar.

Chris asintió con la cabeza, al igual que algunos de sus compañeros. Josh parecía absorto en sus pensamientos.

—Eso me recuerda el momento en que mi padre nos dejó —dijo por fin, sorprendiendo a todos. Pocas veces hablaba de su padre—. Yo no era Fisgón por aquel entonces, porque no me olí lo que se avecinaba. No lo vi llegar.

Josh se quedó en silencio unos instantes. Luego prosiguió.

—Tampoco era Escurridizo, porque no supe qué hacer después. Fui Hem y lo sigo siendo, me parece. —Josh tomó un sorbo de su refresco, bajó la mirada, y continuó—: Esperando que el queso volviera, algo así.

Kerry echó un brazo sobre el hombro de su amigo.

—Nunca es tarde para cambiar —le dijo.

—Exacto —añadió Melanie—, y ser como Haw tampoco quiere decir que tengas que ir por ahí dando saltos en busca de un nuevo padre.

—Tal vez sólo signifique desprenderse de una vez por todas del queso viejo —intervino Ana—, por ejemplo, del modelo de familia cuando él estaba presente. Y luego avanzar en busca de queso nuevo.

Josh preguntó:

—¿Qué quieres decir con eso de «queso nuevo»?

Melanie, cuyos padres también estaban divorciados, respondió:

—Creo que el queso nuevo no es más que una nueva forma de ver tu situación y de actuar de forma diferente. Como dejar de odiar a tu padre por haberos abandonado, o dejar de estar siempre triste por algo que no puedes cambiar.

—Eso —asintió Kerry—. No es responsabilidad tuya que tu padre os dejara, pero sí lo es el modo en que decidas vivir tu vida a partir de hoy. Tal vez haya llegado el momento de avanzar y disfrutar de lo que tienes ahora.

Ana empujó la pierna de Josh por debajo de la mesa y le dijo:

—¡Muévete con el queso!

Todos pudieron ver cómo Josh sonreía.

—Creo que he pasado tanto tiempo pensando en por qué mi padre nos dejó, y deseando que no lo hubiera hecho, que nunca me planteé, ¿sabéis?, avanzar y no permitir que ese cambio desbaratara toda mi vida.

Chris podía ver que Josh necesitaba tiempo para pensar, de modo que cambió de tema.

—Algunos de los chicos del equipo de fútbol conocen la historia. Por supuesto, hay entre ellos quienes piensan que es una estupidez y que no deben molestarse en sacar nada en claro de ella. Pero algunos de los mejores jugadores aseguran que les ha ayudado a librarse de cosas que perjudicaban su rendimiento. También te proporciona un lenguaje secreto que puedes utilizar. Por ejemplo, cuando alguien se echa atrás en el campo, le gritamos: «¡No seas tan Hem! ¡Ve a por ello!».

—Me gusta eso —dijo Kerry de inmediato—, podríamos utilizarlo en nuestro equipo. Pero, ¿sabes?, lo que realmente se me ha quedado de la historia es esa pregunta: «¿Qué harías si no tuvieses miedo al cambio?».

Peter intervino.

—Estaría sobre un escenario, con ese grupo fantástico que tengo —e hizo sonar algunas notas en una guitarra imaginaria.

—Si no tuviera miedo —intervino Melanie—, le pediría a Luke que saliera conmigo —refiriéndose al chico por el que había suspirado durante todo el curso.

Entonces se dirigió a Ana y le preguntó:

—¿Y qué hay de ti?

Ana se quedó reflexionando unos instantes. Finalmente admitió:

—Creo que entraría en el laberinto para ir a buscar mis solicitudes para la universidad.

—¿Todavía no lo has hecho? —preguntó Melanie, asombrada.

Ana se encogió de hombros.

—No. No quería pensar en la graduación porque no sé qué hacer luego. También me asusta perderos, sois mis mejores amigos.

—No nos vas a perder. Sean cuales sean los cambios en tu vida, algunos valores, como la amistad, permanecen inmutables —respondió Chris.

—Cierto —dijo Melanie—, pero cuando todo cambia a tu alrededor es el momento de moverse con el queso.

Ana lo admitió.

—Supongo que tendré que cambiar de Hem a Haw antes de que la graduación mueva mi queso. Pero no sé cómo hacerlo.

—Tal vez podrías crear en tu mente una imagen de tu queso nuevo —le sugirió Kerry—, como hizo Haw.

—Eso fue lo que le ayudó a meterse de nuevo en el laberinto, ¿verdad? —preguntó Melanie al grupo—. Cuando se imaginó que encontraba algo mejor, su Queso Nuevo.

—Puestos a pensar en ello —dijo Kerry—, eso es precisamente lo que hago antes de tirar a canasta. Cuanto más claro imagino que encesto, más a menudo acierto.

—Entonces —dijo Ana—, si consigo imaginarme a mí misma en la universidad el curso que viene, pasándomelo en grande, aprendiendo cosas nuevas y haciendo nuevos amigos, todos los cambios por los que tendré que pasar hasta entonces me darán menos miedo.

Tomó un bocado de pizza mientras trataba de verse en el campus de la universidad.

—Al menos eres capaz de admitir que tienes miedo —dijo Melanie—. A veces ni siquiera sé si soy consciente de temer el cambio. Probablemente lo esconda bajo alguna otra cosa.

—¿Como qué? —le preguntó Peter.

—Bueno, como lo de las elecciones del otoño pasado —respondió ella. De la mesa surgió una protesta unánime.

—¿Hace falta volver a hablar de eso? —preguntó Peter, mientras cogía otra porción de pizza.

—Sí —respondió Melanie—, pero esta vez hay una diferencia. —Se colocó bien las gafas y prosiguió—. ¿Sabéis? Estaba segura de que iba a salir elegida presidenta de la clase. ¿Por qué no? Después de todo, sacaba las mejores notas. Ni siquiera creía que tuviera que hacer nada para que eso ocurriera. Ya había hecho bastante. Había encontrado la primera estación quesera, ¿no es eso? ¡Imagino que era bastante arrogante! ¿Por qué perdí entonces? Tal vez si hubiera oído esta historia antes, no os hubiera dado la tabarra durante meses con mis excusas y mis argumentos, asegurando que perdí las elecciones porque en realidad se trata de un concurso de popularidad y que «no era justo». Bueno, ahora que lo recuerdo, era Hem todo el tiempo, sentada en la estación esperando que alguien me pusiera mi queso delante de las narices.

Cuando resultó que el queso no aparecía, tenía que ser culpa de otro. Vamos, decídmelo ya, ¿sonaba como Hem cuando me lamentaba por no haber ganado esas elecciones?

—Bueno, un poquito —respondió Josh, riéndose. Todos se echaron también a reír—. Pero los demás estábamos contigo. Imagino que a todos nos asusta el cambio —prosiguió—. Es como si cualquier cambio no deseado tenga que ser automáticamente malo. Además, cuando alguien dice que el cambio es una mala idea, todos asienten. Como la presión del grupo.

—Cuanto más reflexiono acerca de quién soy yo en esta historia —prosiguió Melanie—, más clara veo la verdadera razón por la que perdí las elecciones. Simplemente pensé que ser representante de la clase quedaría bien en mis solicitudes para la universidad. De modo que me quedé tan tranquila en mi estación quesera, esperando cómodamente, en lugar de recorrer el laberinto, husmeando y corriendo. Si lo hubiera hecho, me habría enterado de la clase de representante que todos querían. De haber sido más como Haw, me hubiera podido dar cuenta de lo que estaba haciendo mal, hubiera podido reírme de mí misma, cambiar y obtener resultados mucho mejores. Pero no lo hice… qué estupidez —concluyó Melanie, meneando la cabeza.

—Bueno mujer, siempre te queda el curso que viene —dijo Kerry.

Peter rió, y sugirió:

—¡Haw para presidente! —e hizo sonreír a Melanie.

Josh preguntó finalmente algo que le rondaba por la cabeza desde el almuerzo.

—¿Creéis que Hem acabó por cambiar y consiguió encontrar su queso nuevo?

—No lo sé —confesó Kerry.

—No lo creo —añadió Ana—. Algunas personas nunca cambian y pagan el precio por ello.

—Sólo tenéis que mirarnos a nosotros —intervino Melanie—. La mayoría tenemos alguna historia en la que no supimos movernos con el queso y eso acabó por herirnos.

—¡Oh, vamos! —exclamó Peter, aún escéptico—. Me parece que os estáis tomando todo eso demasiado en serio. Cada día hay un montón de cambios. Estoy seguro de que me he enfrentado a ellos divinamente durante los últimos dieciséis años sin necesidad de esta historia de quesos.

—Tal vez los cambios pequeños —observó Melanie—, pero ¿qué me dices de los grandes cambios?

—Fíjate, sin ir más lejos, en cómo hemos reaccionado hoy al cambio de calendario escolar —interrumpió Kerry—. Ninguno de nosotros lo olisqueó. Nadie salió a corretear por ahí a ver de qué iba ese nuevo calendario. Al contrario, nos quedamos cómodamente sentados en nuestra vieja estación quesera, también conocida como cafetería, lamentándonos.

—Tienes razón —dijo Ana. —Me he enterado de que los primeros que fueron a la oficina a preguntar pudieron elegir. Fueron los Escurridizos. Lo más probable es que a nosotros, los «Hems», nos asignen horarios que no queremos.

Chris estaba muy a gusto guardando silencio y observando. Era interesante ver las conclusiones que sus amigos sacaban de la narración.

Peter echó un vistazo alrededor y preguntó:

—¿Dónde está Carl?

—Dijo que quería ver no sé qué programa de televisión —le respondió Kerry—. Por su cara yo diría que la historia le parecía una estupidez, aunque tal vez sea quien más la necesita.

Melanie asintió.

—Entiendo que Carl no se sienta involucrado. La historia plantea algunas cuestiones peliagudas: ¿De qué queso viejo debería desprenderme? y ¿hacia qué queso nuevo debería avanzar ahora? Tal vez no esté aún preparado para plantearse esta clase de cuestiones ahora mismo.

—Carl me recuerda a mí misma cuando mis padres decidieron mudarse a este pueblo —confesó Kerry—. No quería dejar a mis amigos y me resistía al cambio. Aquello se puso francamente feo.

Ana se rió.

—Me acuerdo de eso. Al principio no querías hablar con nadie.

—Uf —dijo Kerry, escondiendo la cara entre sus manos.

»En lugar de fluir con el cambio, me planté y me comporté como una cría —admitió—. Culpaba a mis padres de todo. ¡Ni siquiera respondía al profe cuando pasaba lista!

—Eso no lo sabía yo —dijo Peter.

—Ni yo —añadió Josh—. Qué raro. ¡Y ahora no hay quien te haga callar en clase!

Kerry le lanzó una coz por debajo de la mesa

—En cualquier caso —dijo—, ojalá me hubiera desprendido antes de mi viejo barrio. Me habría ahorrado un montón de problemas.

—Te movieron el queso —observó Ana—, y cuando por fin decidiste aceptarlo hiciste un montón de buenos amigos, al menos eso me ocurrió a mí.

—Además —añadió Peter—, nos has contado que todavía mantienes la amistad con tu pandilla anterior, de modo que todo acabó bastante bien ¿no?

—Tienes toda la razón —respondió Kerry—. Pero ahora me siento incómoda por haber actuado de ese modo… Creo que les debo a mis padres un buen «Lo siento».

Ana dejó sobre la bandeja su trozo de pizza y dijo:

—Esa historia me hizo pensar en Gavin.

Un denso silencio invadió la mesa. Gavin era el ex novio de Ana. Había sido él quien había cortado la relación, de mala manera, después de un año de salir juntos. Ella había tratado por todos los medios de recuperarle, sin éxito. Le había costado mucho tiempo aceptar la realidad.

—Nunca admití, ni siquiera a mí misma, que ya teníamos problemas desde el principio —comenzó a decir.

—Ese queso tenía una buena capa de moho —la interrumpió Josh, y todos rieron.

—Estaba tan loca por él —admitió Ana— y por salir con un tipo popular que decidí no ver la parte negativa. Gavin es como Fisgón, puede ver los problemas de antemano. Luego hizo como Haw, trató de convencerme. Pero yo actué como Hem. No quería escuchar. Al final me dejó atrás en la vieja estación quesera, y mientras, él se fue al baile de fin de curso con su queso nuevo.

—A veces —dijo Peter—, el cambio simplemente ocurre. Es como si el queso tuviese vida propia y echara a correr.

—El queso viejo no es el único queso —sentenció Kerry.

—Creo que tienes razón —suspiró Ana.

—El queso viejo es como eso que haces siempre, ya sin siquiera pensarlo —señaló Melanie—, como un viejo comportamiento que tienes que abandonar.

—Siempre me estáis repitiendo que me tomo a mí mismo demasiado en serio —dijo Peter de repente—, y que debería dejar de preocuparme por lo que piensen los demás. Pero si ese es mi queso viejo, tengo que confesaros que me resulta muy difícil dejar de pensar así.

—Tal vez te ayudaría reírte de tus temores —sugirió Kerry—. A Haw le funcionó.

—No me siento con ganas de reír —respondió Peter, negando con la cabeza—. Quiero que me tomen en serio como músico. Me encanta tocar la guitarra, pero me preocupa no ser lo bastante bueno, o que me salga la oportunidad de actuar y lo estropee todo.

Ana le preguntó.

—¿Recuerdas lo que comentó Melanie acerca de cómo Haw se construía una imagen mental en la que se veía disfrutando ya de su queso nuevo? ¿Y cómo aquello le animó a avanzar por el laberinto? Tú también podrías construirte la imagen de tu queso nuevo, Peter.

—¿Te refieres a verme a mí mismo tocando en un grupo y saliendo de gira? —preguntó Peter.

—Eso es lo que dijiste que harías si no tuvieras miedo —señaló Chris.

—Tienes razón —admitió Peter—. Supongo que mi propio miedo al fracaso me ha impedido tener éxito hasta ahora. Qué tontería… Igual que Hem mientras permaneció en aquella estación sin queso.

—Sencillamente, deberías formar tu propio grupo —observó Melanie—. A eso se refería Haw cuando escribió en la pared aquello de «Muévete con el queso y saborea la aventura». Si eres tú quien provoca el cambio, ya no te asustará.

—Tengo una idea —soltó Kerry—. ¿Por qué no imaginamos todos aquello que más deseamos —nuestro queso nuevo— y hablamos de ello mañana durante el almuerzo?

—Sí —respondió Chris—, y a ver si conseguimos que Carl también se apunte. Ya sé que siempre se hace el duro, pero es probable que tenga más miedo que cualquiera de nosotros.

—Hecho —dijo Ana—. Además, quiero irme a casa a contarles a mis padres y a mis hermanas esta historia. Tengo curiosidad por saber qué personaje creen ellos que son, y cuál podría ser el queso nuevo para la familia.

—Espero que esté en la nevera, de lo contrario será asqueroso —bromeó Josh.

Melanie consultó su reloj y exclamó:

—¡Oh no! Es tardísimo. Ya debería estar en casa.

Mientras Melanie telefoneaba a su madre, los demás pagaron la cuenta. Luego Melanie dejó una buena propina para la paciente camarera.

Josh estiró los brazos por encima de la cabeza y dijo, bostezando:

—Ha llegado la hora de echar abajo esta estación quesera.

—¿Me puedes dar un paseo por el laberinto? —le preguntó Ana, bromeando.

—Y a mí —añadió Kerry—. ¿Te vienes, Peter? —preguntó.

—No, prefiero andar —respondió Peter—. Tengo que pensar un poco.

Los amigos se despidieron, ansiosos por seguir hablando del asunto al día siguiente y por contárselo a otros.

Al salir a la calle, Josh le dio a Chris un enorme abrazo de oso, levantándole del suelo. Cuando volvió a bajarle, Chris le preguntó:

—¿Y eso por qué? —Josh no era muy dado a las muestras de afecto.

—Gracias por la historia, colega —le respondió, sonriendo.

Chris le devolvió la sonrisa:

—De nada —tenía la impresión de que las cosas iban a cambiar para sus amigos, al menos para algunos de ellos.

¿Estaría Josh listo para superar la pérdida de su padre y avanzar? ¿Pondría Ana en orden sus planes para la universidad? ¿Sería Peter capaz de dejar de lado sus dudas y actuar? ¿Y Melanie y Kerry? ¿Llegaría incluso Carl a cambiar y entrar en una escuela de formación profesional? Era muy bueno con las cuestiones mecánicas…

Entonces Chris se dio cuenta de que lo que Carl decidiera hacer era cosa suya.

¿Quiénes se moverían con el queso?, se preguntaba Chris. Quienquiera que fuese, Chris sabía que él estaba listo para saborear la aventura, junto con los demás.

Para saber más, visita:
www.whomovedmycheese.com